LES ESSENTIELS DÉCO

COULEURS

COMMENT AGENCER, MEUBLER ET DÉCORER VOTRE MAISON

GRÜND

TERENCE CONRAN

LES ESSENTIELS DÉCO

COULEURS

COMMENT AGENCER, MEUBLER ET DÉCORER VOTRE MAISON

ADAPTATION FRANÇAISE DE MARIE-CÉLINE CASSANHOL

GRÜND

Sommaire

38

Associations de couleurs

78

Côté pratique

INTRODUCTION

COMPRENDRE LES COULEURS

ASSOCIATIONS DE COULEURS

CÔTÉ PRATIQUE

Introduction

CI-DESSUS : CETTE TABLETTE RÉTRO-ÉCLAIRÉE DIFFUSE UNE LUEUR BLEUTÉE QUI DÉFINIT L'AMBIANCE.

PAGE DE GAUCHE : LES FAUTEUILS EXTÉRIEURS RAPPELLENT LES ÉLÉMENTS LAQUÉS OCRES. COULEUR FORTE, ELLE REQUIERT UN VASTE ESPACE NEUTRE.

Les couleurs font partie intégrante de notre environnement : magazines, emballages, écrans d'ordinateurs... elles sont partout. Désormais, on peut acquérir un réfrigérateur, une voiture, une brosse à dents ou de la vaisselle de n'importe quel coloris. On peut même imprimer chez soi ses photos en couleur.

Dans une boutique, on regardera les piles de t-shirts identiques sans craindre que ceux qui sont teintés soient plus chers que les blancs, ou les verts que les bleus. Mais il n'en a pas toujours été ainsi. Les couleurs foisonnent dans la nature ; pourtant, notre capacité à les restituer sous forme de colorants et de pigments est longtemps restée limitée. Pendant des siècles, les couleurs du quotidien provinrent essentiellement des plantes et de la terre, qui offraient une palette de tons doux et sourds. Les couleurs vives et éclatantes, comme le carmin, colorant rouge obtenu à partir des cochenilles, ou le bleu pur, tiré d'une pierre fine (le lapis-lazuli), étaient précieuses et très coûteuses. Même le simple noir était rarement réussi.

Au XIXe siècle, les progrès de la technologie et l'extension des routes marchandes ont multiplié les emplois de la couleur. Au milieu du XIXe siècle, des chimistes élaborèrent les premiers colorants synthétiques ; quelques décennies plus tard, le développement de la lithographie rendait accessibles les premières reproductions en couleur.

Mais il fallut attendre la seconde moitié du XXe siècle pour assister à une véritable explosion de la couleur dans la vie de tous les jours. La multitude de coloris gais et abordables qui fait notre quotidien est née de l'essor des produits

suite

Introduction

synthétiques durant la période d'après-guerre. Avec la publication du premier supplément de journal en couleur et surtout les premières télévisions en couleur, celle-ci s'est ancrée dans la culture de consommation de masse.

Malgré cela, ou peut-être en raison de cela, le pigment fabriqué en plus grande quantité reste le blanc. Beaucoup hésitent encore à apporter de la couleur à leur habitat ; les teintes neutres et naturelles constituent souvent la norme. Nous avons véritablement l'embarras du choix, ce qui s'avère parfois plus intimidant que stimulant.

La prédominance des tons naturels ou neutres tels que le blanc reflète notre désir d'optimiser l'espace et la lumière, deux éléments primordiaux dans nos intérieurs contemporains. On pense souvent à tort qu'il est lassant de vivre dans un environnement coloré. Cependant, les espaces de travail typiques, bureaux cloisonnés aux murs blanc cassé et aux mers de moquette grise, sont des lieux que la plupart estiment stériles et inhospitaliers.

Manier les couleurs exige un certain savoir-faire comportant son lot d'essais et d'erreurs. Ayant peur de se tromper, on s'en tient souvent à des tons sages et passe-partout. Pourtant, même les plus hésitants découvriront ici des astuces pour égayer une pièce et retrouver l'envie de jouer avec les couleurs sans risquer une erreur coûteuse. Nous avons la chance de vivre à une époque où l'on peut se procurer tous les coloris possibles et imaginables sous forme de peintures, tissus, papiers peints, revêtements de sol et éléments de décoration. Renoncer à la couleur, ce serait manquer l'occasion d'explorer sa capacité unique à créer des atmosphères et des sensations, à réjouir le regard ou à exprimer notre joie de vivre. La couleur, c'est véritablement le piment de la vie.

CI-DESSUS : CES TISSUS D'AMEUBLEMENT APPORTENT TOUT EN DOUCEUR DES TOUCHES COLORÉES DANS UN ESPACE CLAIR.

PAGE DE DROITE : COULEUR SURPRISE, LES TIROIRS BLEU MARINE SONT OCCULTÉS PAR DES PORTES COULISSANTES BLANCHES.

INTRODUCTION

COMPRENDRE LES COULEURS

ASSOCIATIONS DE COULEURS

CÔTÉ PRATIQUE

Secrets des couleurs

La couleur est fonction de notre perception visuelle de la lumière. Celle-ci est constituée d'une infinité de radiations, ou longueurs d'ondes, dont chacune correspond à une couleur du spectre lumineux. L'herbe paraît verte car elle absorbe toutes les longueurs d'ondes sauf la verte, qu'elle réfléchit. Nous distinguons ainsi des milliers de couleurs et de tons, mais les extrêmes du spectre (ultraviolets et infrarouges) sont invisibles.

La classification la plus courante, et probablement la plus utile en décoration, est celle de la roue des couleurs, ou cercle chromatique. Dans cette palette, les trois couleurs primaires sont le rouge, le jaune et le bleu ; on ne peut pas les recréer par la synthèse d'autres couleurs. Les couleurs secondaires, résultantes du mélange de deux primaires, sont l'orangé (rouge et jaune), le vert (jaune et bleu) et le violet (bleu et rouge). Enfin, on qualifie de complémentaires les couleurs diamétralement opposées sur le cercle chromatique (rouge et vert, bleu et orangé, jaune et violet). Décliner les tons de deux complémentaires sert souvent de base à une composition décorative.

CI-DESSUS : BLEU ET VERT VONT SOUVENT DE PAIR DANS LA NATURE.

PAGE DE DROITE : CHAQUE COULEUR DU SPECTRE CORRESPOND À UNE LONGUEUR D'ONDES DE LA LUMIÈRE.

Langage des couleurs

Chaque couleur véhicule des connotations culturelles, historiques, ou encore personnelles et donc très subjectives. La symbolique des couleurs et leur langage dépendent de cet ensemble de facteurs. Autrefois, on préférait le rouge dans les salles d'exposition pour mettre les tableaux en valeur. On prêtait au bleu le pouvoir d'éloigner les mouches ; crémeries, laiteries et cuisines ont longtemps affectionné cette couleur. Mais ces interprétations varient selon les cultures. En Occident, par exemple, les mariées sont vêtues de blanc depuis que la Reine Victoria a lancé cette mode au XIXe siècle ; en Asie, le blanc est la couleur du deuil.

Les combinaisons de couleurs évoquent encore d'autres univers. Une palette spécifique ou une combinaison de nuances est parfois caractéristique d'un style ancien ou d'une période historique ; c'est alors un moyen efficace de recréer un intérieur authentique ou rétro. Parfois, c'est une culture ou un lieu qui s'impose ainsi à l'imaginaire. Une palette de bleus et de gris délavés fait penser aux intérieurs aérés de Scandinavie, tandis qu'une combinaison chaude d'orangé, rose, rouge et marron rappelle la chaleur du Mexique. Enfin, notre sens esthétique, qui trouve souvent son origine dans l'enfance, achève de définir notre perception des couleurs.

CI-DESSUS : ASSOCIÉS, LES ROSES, VIOLETS ET GRENATS PRENNENT DES AIRS D'ORIENT.

PAGE DE GAUCHE : UNE PALETTE DOUCE ET NATURELLE REPREND L'ESTHÉTIQUE DU MILIEU DU SIÈCLE TYPIQUE DES INTÉRIEURS SCANDINAVES CONTEMPORAINS.

Trouver l'inspiration

Pour que naissent les idées, il faut savoir s'émerveiller encore dans un monde saturé de couleurs dégradées en autant de teintes et de nuances que l'on peut imaginer. Certaines personnes gardent de l'enfance un amour des couleurs vives et gaies. Pour d'autres, retrouver le goût des couleurs exige quelques efforts.

Nous sommes en général attirés par certaines familles de couleurs, une préférence qui transparaît souvent dans notre garde-robe. Pourquoi ne pas s'en servir comme point de départ ? L'inspiration peut jaillir n'importe où : destinations de vacances ou palettes de coloristes géniaux tels que Vincent Van Gogh, Henri Matisse, Patrick Heron ou Howard Hodgkin.

Nul besoin cependant de courir le monde ni de s'épuiser en recherches esthétiques. Le secret tient dans le regard. Une promenade dans un parc un matin de printemps, un marché aux étals bondés de produits frais, ou une journée à la plage... il suffit de poser un œil neuf sur le monde qui vous entoure. Plus sensible aux couleurs de votre environnement, vous puiserez en elles l'inspiration voulue : affiches de cinéma, couvertures de livres, emballages, vitrines... faites confiance à ce qui attire et ravit votre regard.

CI-DESSUS : L'INSPIRATION EST PARTOUT. CES BOBINES DE FILS DE SOIE FONT LE PLAISIR DES YEUX.

PAGE DE DROITE : LES COULEURS FOISONNENT DANS LA NATURE, VÉRITABLE MINE D'IDÉES. ICI, BLEUETS ET PAVOTS JAUNES SE COMPLÈTENT HARMONIEUSEMENT.

Couleurs chaudes

Les couleurs chaudes se déclinent du jaune au rouge-violet en passant par l'orangé. Elles semblent se mettre en avant car elles correspondent aux radiations les plus longues de la lumière. L'ajustement nécessaire à l'œil est un stimulus physique que nous interprétons comme de l'excitation ou comme une alerte. En décoration, ces couleurs offrent de belles mises en relief ; en arrière-plan, elles créent une ambiance douillette et intime, faisant paraître les murs plus proches.

Rouge

Couleur des sentiments forts – l'amour, la colère, la joie – le rouge est aussi l'expression d'un danger – des baies empoisonnées, le panneau Stop, le sang. Le rouge excite les sens (parfois trop s'il est mal utilisé). Traditionnellement, de grandes tentures rouges habillaient les murs des salles d'exposition et des galeries des prestigieuses demeures. Le rouge confère chaleur et hospitalité à un intérieur, en particulier si la lumière naturelle y est froide ou pauvre.

Rose

Variante plus claire du rouge, le rose est fortement associé à la féminité. Délicat, flatteur et voluptueux dans un contexte approprié, il risque de paraître insipide ou mièvre s'il est mal employé. Un rose sable ou crème constitue un environnement relaxant et confortable sans connotation féminine particulière.

CI-DESSUS : SUR UN FOND GRIS PERLE, L'ABAT-JOUR ROUGE-ORANGÉ ET LE TAPIS APPORTENT DU RELIEF.

PAGE DE GAUCHE : COULEUR CHAUDE À L'EXTRÉMITÉ DU SPECTRE VISIBLE, LE ROUGE, NOTAMMENT EN LARGE APLAT, DISTILLE CHALEUR ET INTIMITÉ.

suite

Couleurs chaudes

Orangé

De l'abricot pâle ou du pêche tendre aux notes éclatantes et chaleureuses du soleil, l'orangé procure un sentiment de bien-être et de gaieté. Rarement présent dans les intérieurs anciens, l'orangé est devenu populaire avec l'Art Nouveau de la fin des années 1900 et l'Art Déco des années 1920 et 1930. Plus récemment, il a connu un nouvel engouement dans la mode et les créations inspirées de la culture pop des années 1960 et 1970.

Comme le rouge, dans sa forme la plus pure et la plus intense, l'orangé est une couleur énergisante qui capte le regard (on dit que c'est la première couleur que les bébés reconnaissent). Plus doux et plus sourds, ses tons roussis ou briques constituent des arrière-plans accueillants et apaisants, dans l'esprit des climats chauds.

Jaune

Tonique et gai, le jaune n'est jamais trop présent. En décoration, on ne bénéficia du jaune vif et pur qu'avec la découverte du jaune de chrome au début du XIXe siècle ; auparavant, on utilisait le pigment de l'ocre.

Dans une gamme allant du jaune pâle au jaune citron en passant par les tons or, riches et chauds, le jaune illumine une pièce. Dans une cuisine, il inspire un sentiment d'hospitalité et dans un salon, il contribuera à créer une ambiance à la fois classique et estivale. Cependant, son emploi reste délicat. Plusieurs essais sont parfois nécessaires pour trouver le ton juste, qui dépendra de l'ensoleillement de la pièce.

CI-DESSUS : COULEUR TRÈS GAIE, LE JAUNE EST PLUS ÉCLATANT DANS UNE PIÈCE BAIGNÉE DE SOLEIL, COMME DANS CE SALON-SALLE À MANGER.

PAGE DE DROITE : CHAUD ET ACCUEILLANT, L'ORANGÉ EST AUSSI TONIQUE ET MODERNE. ABAT-JOUR EN CUIVRE ET MUR MANDARINE SE RÉPONDENT AVEC BRIO.

Vert

Si le rouge est synonyme de vitesse, sa couleur complémentaire, le vert, appelle au calme. Occupant le centre du spectre lumineux, il requiert un ajustement minimal de l'œil, ce qui en fait la couleur réputée être la plus apaisante. Longtemps, le vert a été considéré comme reposant pour la vue, et on jugeait que les stores, rideaux et abat-jour verts faisaient le mieux écran à la lumière.

Ressourçant, apaisant et rafraîchissant, le vert est associé à la fertilité et à la croissance. Symbole de la nature, ce statut se traduit par la profusion des noms de ses teintes : vert amande, menthe ou tilleul, vert olive, pistache, anis ou pomme… Mais le vert possède aussi des connotations négatives : la maladie, la jalousie et la peur. De plus, l'aspect verdâtre de la lumière fluorescente est très peu flatteur.

Si le vert ne suscite pas de grandes émotions, il est indispensable à certaines compositions car il met en valeur les couleurs auxquelles il est juxtaposé. Associé aux bleus, il constitue la base de nombreuses palettes marines. Rehaussé de rouge, il crée une atmosphère folklorique ou rustique, ou bien suggère un décor sorti tout droit du jardin d'un cottage. Le vert anis est vif et moderne ; le jade et le céladon sont élégants et dépaysants, avec une connotation orientale. En arrière-plan, les bibliothèques et salles d'étude font depuis longtemps la part belle au vert sombre, profond et calme.

CI-DESSUS : VOLETS ET MENUISERIES PEINTS EN VERT ÉMERAUDE DONNENT UN AIR CHAMPÊTRE ET FRAIS À CE DÉCOR RUSTIQUE.

PAGE DE GAUCHE : COULEUR CENTRALE DU SPECTRE, LE VERT EST TOUT INDIQUÉ POUR LES PIÈCES DÉDIÉES À LA RELAXATION.

Couleurs froides

Les longueurs d'onde courtes de la lumière correspondent aux bleus et violets, couleurs apaisantes qui apportent respiration et donnent une impression d'espace – imaginez le bleu infini du ciel ou de la mer. Cependant, si la lumière est faible, ou la pièce orientée au nord, elles peuvent être trop froides et inhospitalières, voire sinistres.

Bleu

La gamme des bleus est très riche, du bleu pastel à l'indigo profond et intense, du bleu lavande ou du bleu-gris au turquoise ou bleu-vert. Selon la nuance, le bleu sera élégant et frais, ou gai et cosy. Couleur incitant au repos et à la contemplation, il peut s'appliquer en larges aplats sans paraître imposant. Sa connotation aquatique en fait une couleur très prisée pour les salles de bains.

Le bleu s'accorde avec nombre d'autres couleurs, mais l'alliance la plus réussie reste le bleu et blanc. Cette combinaison a connu un engouement particulier au XVIIe siècle, avec l'importation en Occident des premières porcelaines de Chine. Aujourd'hui, le bleu rayé de blanc évoque souvent la cuisine et les objets du quotidien, comme le linge de maison.

Violet

À l'extrémité du spectre, le bleu se fond dans le violet. Ses nuances pâles sont élégantes. Plus difficile à manier, le pourpre est chargé de connotations impériales (habits des empereurs) et religieuses (couleur du Carême).

CI-DESSUS : LE BLEU HABILLE SOUVENT LES MURS DES SALLES DE BAINS. ICI EN BLEU-VERT, ILS SONT CLAIRS ET REPOSANTS.

PAGE DE DROITE : LE BLEU LE PLUS INTENSE ET LE PLUS THÉÂTRAL EST L'INDIGO, À LA FOIS PROFOND ET MÉLANCOLIQUE.

LATTE

Couleurs neutres

CI-DESSUS : DANS UN INTÉRIEUR CONTEMPORAIN, LE BLANC RESTE PRIVILÉGIÉ POUR LES MURS CAR IL OPTIMISE LA LUMIÈRE ET L'ESPACE.

PAGE DE GAUCHE : LES BLANCS SE DÉGRADENT À L'INFINI ; ICI, ILS S'HARMONISENT ENTRE CARREAUX, PEINTURE ET ÉQUIPEMENTS.

Les tons neutres du blanc, du gris et du noir sont indispensables à une composition car ils lui assurent respiration, tonalité et définition. Les intérieurs strictement neutres courent le risque d'être ternes. En revanche, un arrière-plan neutre est idéal pour faire ressortir des couleurs fortes.

Blanc

Pendant des siècles, le blanc resta une couleur utilitaire – la détrempe à la chaux constituait le décor typique des lieux publics. L'arrivée de l'électricité bouleversa cela et dans les années 1930, l'engouement fut aux décors tout blancs, grâce au nouveau blanc de titane brillant, notamment entre les mains des décorateurs mondains. Aujourd'hui, le blanc est souvent synonyme de modernisme et de minimalisme. Par ailleurs, il reste une solution rassurante pour les hésitants. Le blanc cassé chaud est depuis des années à la tête des ventes de peintures.

La famille des blancs s'étend de l'ivoire, du perle et du crème au blanc craie, lin ou givré. Pour bien choisir, il faut tenir compte de la qualité de la lumière naturelle : les pièces lumineuses supporteront les blancs les plus froids, tandis que les blancs crème ou cassé conviendront mieux dans des endroits peu ensoleillés. Beaucoup de fabricants de peinture ajoutent une pointe de bleu dans leur peinture blanche standard pour un surcroît de « brillance », mais le résultat est parfois trop éclatant.

suite

Couleurs neutres

CI-DESSUS : BIEN EMPLOYÉ, LE GRIS OFFRE UN ARRIÈRE-PLAN ÉLÉGANT ET DOUX, QUE VIENNENT COMPLÉTER LA CHEMINÉE DE PIERRE ET LE PARQUET.

PAGE DE DROITE : BLANC ET NOIR PRODUISENT GRAPHISME ET DYNAMISME. TRAIT D'UNION HARMONIEUX, LE GRIS DES MURS ÉVITE L'ASPECT DÉPOUILLÉ.

Gris

Le gris passe souvent pour une couleur terne et monotone, une journée de pluie par excellence. En réalité, il offre une palette très pratique. Couleur de transition, il investit l'espace avec douceur et élégance en arrière-plan.

Les gris se déclinent du plus pâle nuage ou du tendre gris tourterelle au ton profond des cuirassés, chargé d'un dynamisme graphique. Les gris-bleus argentés sont frais et raffinés tandis que les taupe, rosés et chauds, s'intègrent parfaitement dans une composition de tons naturels. Souvent, les matériaux imposent le gris avec succès – le lustre monochrome de l'Inox, par exemple, ou le gris classique et clair de la pierre.

Noir

Absence de couleur, ou de lumière, le noir sait se faire théâtral. À l'exception des salles de bains carrelées de noir, on comprend aisément que son usage en arrière-plan soit rare. Le plus souvent, le noir donne du relief ou constitue un contraste graphique soulignant un détail architectural ou décoratif – le plan de travail en marbre noir d'une cuisine neutre, ou les poutres noircies qui s'entrecroisent sur le plafond d'une maison de campagne. Associé au blanc, le noir dégage une impression de netteté et de solennité. Les sols à damiers noirs et blancs sont un classique consacré par l'usage.

Couleurs naturelles

Avant l'industrialisation, pigments et colorants étaient exclusivement d'origine animale, végétale ou minérale. Comme les ingrédients avec lesquels on obtenait les couleurs vives et intenses étaient souvent les plus rares et les plus onéreux, l'éventail des couleurs du quotidien était doux et sourd. Aujourd'hui, on qualifie de « neutres » les tons qui s'étendent de la couleur bise au chocolat.

Dans nos intérieurs, la palette des tons neutres s'exprime souvent dans le choix des matériaux bruts plus que dans celui de la décoration (peinture ou mobilier). Les couleurs douces du bois, de la pierre et de la terre cuite procurent un sentiment d'authenticité et de durabilité. Ces matériaux naturels vieillissent bien et confèrent douceur et caractère à un décor.

Déployer une palette de tons naturels crée une atmosphère campagnarde, sorte de lien entre l'intérieur et le paysage extérieur. Mais ils peuvent aussi asseoir une ambiance urbaine simple et chic. Le risque principal que l'on encourt avec les palettes naturelles est d'évoluer dans un environnement sans relief. Délimitée par du noir, rafraîchie par du blanc ou ponctuée de couleurs fortes, une palette naturelle prend vie. Sans ces contrastes, elle peut sembler monotone.

CI-DESSUS : LE MUR DE BRIQUES APPARENTES ET LE PARQUET DONNENT DU CARACTÈRE À CE LOFT RÉNOVÉ.

PAGE DE GAUCHE : LES TONS NATURELS AVANTAGENT UN DÉCOR RUSTIQUE ; DANS DU MODERNE, ILS SUBLIMENT LA QUALITÉ DES TEXTURES.

suite

Couleurs naturelles

Marron

Absent du cercle chromatique, le marron abonde dans la nature, de l'écorce des arbres à la terre elle-même. Quiconque s'est amusé avec une boîte de peinture sait que le marron résulte du mélange de plus de deux couleurs. La nuance dépendra des couleurs utilisées. Par exemple, les marron fauves ou tirant sur le roux contiennent en majorité des couleurs chaudes. Intimes sans être oppressantes, sombres sans être tristes, les teintes marron sont rassurantes et polyvalentes. Un intérieur supporte facilement de larges surfaces marron car les pigments de couleur terre sont universels. De plus, les matériaux comme le bois, la pierre, la brique et l'argile ont longtemps prédominé dans la construction. Intemporelles, on retrouvera les nuances du brun avec autant de plaisir dans un loft aménagé aux briques apparentes et au parquet neuf, que dans une vieille maison de campagne à l'intérieur lambrissé de chêne vieilli par les ans. Malgré les différences de style, ces matériaux sont toujours vivants. Contrairement aux aplats de couleurs, le grain du bois, les divers tons de la pierre et la texture de la brique ajoutent beaucoup de profondeur à un intérieur.

CI-DESSUS : LES TONS DE LA PIERRE, DU BOIS ET DE LA TERRE CUITE SONT NATURELLEMENT ANIMÉS PAR LES VARIATIONS DE GRAIN ET DE TEXTURE.

PAGE DE DROITE : L'ABONDANCE DE BLANC, PAR SA FRAÎCHEUR ET SA LUMIÈRE, CONFORTE LES TONS NATURELS DE CET INTÉRIEUR DE STYLE CHAMPÊTRE.

INTRODUCTION

COMPRENDRE LES COULEURS

ASSOCIATIONS DE COULEURS

CÔTÉ PRATIQUE

À savoir

La couleur n'a jamais été aussi abordable et accessible qu'aujourd'hui. Mais cette pléthore de choix peut s'avérer décourageante quand on élabore un projet de décoration. Faites confiance à vos goûts personnels, mais considérez aussi ces quelques paramètres.

- De l'exposition d'une pièce, c'est-à-dire le point cardinal auquel elle fait face, dépend la qualité de son ensoleillement. C'est un élément essentiel à prendre en compte pour le choix des couleurs. Réservez les couleurs chaudes aux pièces sombres ou froides orientées au nord ou à l'est, et les couleurs froides aux pièces lumineuses orientées au sud ou à l'ouest.

- Pensez à la fonction et à l'ambiance de la pièce ; selon son usage, elle servira de décor aux moments de détente et de bien-être, ou au contraire de grande activité. Dans les pièces où l'on travaille beaucoup, comme la cuisine, des tons doux et neutres favorisent la concentration.
- N'oubliez pas d'apporter des notes de couleur vive dans les couloirs, les escaliers et les entrées, ainsi que dans les petites pièces fermées comme les toilettes. Comme ce sont des lieux où l'on ne s'attarde guère, le risque est moindre de se lasser d'une couleur forte ou d'être envahi par elle.
- Essayez de concevoir votre projet dans son ensemble, c'est-à-dire pour toute la maison. Il n'est pas question d'appliquer les mêmes couleurs à toutes les pièces, mais plutôt de réfléchir à l'unité qui régnera entre elles – la même couleur de revêtement de sol par exemple.

À GAUCHE : LE RÉTRO-ÉCLAIRAGE DE LA BAIGNOIRE ET LA MOSAÏQUE BLEUE DES MURS CRÉENT UNE ATMOSPHÈRE MARINE IDÉALE.

PAGE DE GAUCHE : LA DISPOSITION GRAPHIQUE DE PHOTOS ENCADRÉES EN NOIR ET BLANC SUR CE MUR JAUNE ACIDULÉ DONNE DU DYNAMISME À CET ESCALIER.

Nuanciers

Les designers et décorateurs professionnels assemblent souvent des nuanciers pour ordonner leurs idées ou explorer de nouvelles possibilités. Quiconque ayant un projet de décoration peut employer la même approche. Créer un nuancier permet de faire des essais et de réduire le risque d'être déçu du résultat final.

La première étape consiste à composer une bibliothèque visuelle. Répertoriez dans un carnet ou sur votre ordinateur les images qui vous plaisent – coupures de presse, cartes postales, reproductions de peintures, emballages... Aujourd'hui, la plupart des téléphones portables sont dotés d'appareils photos performants ; il n'a jamais été aussi facile de capturer un instant ou une idée lors d'une sortie – la vitrine d'une boutique ou un jardin en fleurs, par exemple.

L'étape suivante consiste à mettre vos idées en pratique. Assemblez des échantillons de tissus, de peinture ou autres matériaux pour juger de l'harmonie des couleurs. Essayez toujours de respecter à peu près les proportions. Si vous avez l'intention de faire ressortir un arrière-plan pâle par une bordure de couleur vive, accordez plus de place à la couleur de fond de l'échantillon qu'à la couleur forte. Enfin, examinez toujours votre assemblage au soleil et à la lumière artificielle.

CI-DESSUS : AVANT D'ARRÊTER VOTRE CHOIX, ASSEMBLEZ VOS PROPRES NUANCIERS ET ÉCHANTILLONS POUR ÉVALUER LES COULEURS IN SITU.

PAGE DE DROITE : JETEZ VOS IDÉES SUR PAPIER EN JUXTAPOSANT LES COULEURS DES FONDS ET CELLES DES MISES EN RELIEF.

Palettes toutes faites

Manier les couleurs avec succès exige une certaine dose de confiance et de pratique. Si vous n'êtes pas sûr de vous, les palettes toutes faites sont une solution idéale.

- Les fabricants de peinture savent que choisir une couleur s'avère parfois intimidant, et beaucoup proposent des brochures contenant des palettes regroupées par thèmes. Les fabricants de peintures traditionnelles ou à l'ancienne sont une option sûre si vous cherchez à recréer un style rétro ou à évoquer une période historique précise.
- Les magazines de décoration sont d'excellentes sources d'inspiration. Parfois, les couleurs d'un décor donné ont déjà été identifiées et associées de façon harmonieuse à des produits existants, de sorte que le travail de recherche esthétique est déjà fait.
- La plupart des stylistes ont l'œil exercé en matière de couleur et il n'y a pas de raison pour qu'une palette déployée dans une collection ne fonctionne pas dans un intérieur.
- L'inspiration peut venir d'un objet que vous possédez ou avez l'intention d'acquérir, comme un tableau que vous aimez particulièrement, un tapis ou un tissu imprimé. Exprimez votre créativité en partant des couleurs de cet objet (teinte claire ou neutre pour les murs et touches de tons vifs pour attirer l'œil).

CI-DESSUS : LES SERVIETTES TURQUOISE ET LE FAUTEUIL REPRENNENT LE BLEU DU TAPIS.

PAGE DE GAUCHE : LA REPRODUCTION SUR LE MANTEAU DE LA CHEMINÉE ET LES RAYURES DU TAPIS COMPORTENT LES MÊMES FAMILLES DE COULEURS, LIÉES PAR LES MURS FAUVES, À LA FOIS NEUTRES ET CHAUDS.

Mises en relief

On peut obtenir d'excellents résultats avec un minimum d'efforts et de dépenses, simplement en jouant sur les reliefs. Comme les accessoires de mode, ils égayent ou rafraîchissent un look tout en étant abordables et faciles à changer. Si vous préférez une décoration simple ou sobre, dans une pièce en particulier ou dans toute la maison, des touches de couleurs vives appliquées ça et là structureront l'ensemble.

Quand un arrière-plan est neutre ou naturel, presque toutes les couleurs fortes viendront chamarrer cette toile vierge. Les couleurs primaires, bien sûr, sont frappantes, mais les couleurs secondaires et tertiaires sont aussi efficaces, comme l'orangé, le turquoise, la lavande ou le vert anis. Par ailleurs, vous pouvez exploiter l'éclat inhérent aux paires complémentaires. Dans une pièce aux murs jaune pâle, par exemple, toute touche de bleu vif – un vase, un coussin ou une affiche encadrée – vibrera d'intensité.

Diverses mises en relief

- Tapis et tissus d'ameublement, tels que les coussins, les housses ou les jetés de lit et de canapé.
- Tableaux et affiches, notamment lorsqu'une couleur prédomine.
- Objets de décoration, comme les vases ou les luminaires.
- Vitraux enchâssés dans les impostes, les fenêtres ou les portes.
- Fleurs coupées et plantes d'intérieur.
- Ustensiles de cuisine, emballages, vaisselle, livres et équipements, ou même fruits et légumes.

À DROITE : LES NICHES DE RANGEMENT PEINTES EN BLEU ET FRAMBOISE SONT UN ÉLÉMENT DE SURPRISE DANS UN DÉCOR TOUT BLANC.

PAGE DE DROITE : LE REVÊTEMENT MURAL VERT ACIDE ET L'ABAT-JOUR ORANGE APPORTENT DE LA GAIETÉ À CETTE CUISINE.

Points phares

CI-DESSUS : CE MUR ORANGE ATTIRE LE REGARD VERS LA CABINE DE DOUCHE FERMÉE DISCRÈTEMENT PAR DES PANNEAUX VITRÉS.

PAGE DE GAUCHE : L'ÎLOT DE CUISINE PEINT EN VERT EST L'ÉLÉMENT DOMINANT DANS CE SALON-CUISINE SUR DEUX NIVEAUX.

Utiliser la couleur pour attirer l'œil diffère de la mise en relief par les proportions. Les touches de couleur se concentrent sur des points précis sans dominer l'ensemble. En revanche, un point phare porte la couleur sur le devant de la scène et exprime clairement un parti pris.

Divers points phares :

- Peindre un mur entier d'une seule et même couleur définit l'espace et réveille une composition. Il signalera de plus un changement de fonction dans un volume sans cloison, séparant par exemple une cuisine d'une salle à manger.
- Un meuble imposant ou de grands équipements de couleur vive sont des points phares tout désignés. Un canapé ou une grande tête de lit de couleur forte donnent le ton. Les appareils électroménagers sont aujourd'hui vendus dans une large gamme de couleurs. Cependant, leur couleur forte risque de lasser avant l'usure de l'appareil.
- Un sol coloré produit toujours beaucoup d'effet, et il est en général plus facile à vivre qu'un mur de la même couleur. Les tapis sont la meilleure solution pour ajouter de la couleur à un sol. Cependant, de nombreux revêtements, comme le vinyle, le linoléum et le liège, existent dans de multiples teintes. Pour un choix optimal, pensez au caoutchouc, produit dans toutes les couleurs imaginables.

Arrière-plans

Depuis le modernisme, les arrière-plans blancs prédominent souvent en décoration d'intérieur. Beaucoup se rabattent sur ce choix considéré comme sans risque. Le blanc est très pratique pour agrandir l'espace et optimiser la lumière naturelle, deux éléments souvent essentiels.

Si un environnement blanc ou blanc cassé est l'expression même de la simplicité, ce choix implique néanmoins de la réflexion. Les couleurs neutres sont parmi les plus délicates à manier. Subtiles, les différences entre les teintes produisent toujours un impact – un blanc qui paraît frais et revigorant dans une pièce semblera défraîchi dans une autre.

Au lieu de choisir une teinte pâle par sécurité, osez la créativité en utilisant la couleur de fond pour inspirer une humeur et générer une atmosphère. Oubliez les tons pastel, qui trahissent une approche hésitante, et optez pour des couleurs franches et pleines de vitalité. La plupart des couleurs tertiaires, comme le bleu-vert, le rouge-orangé ou le lavande, possèdent une luminosité et une densité qui les rendent très attrayantes.

Enfin, certaines couleurs paraissent plus intenses et saturées quand elles recouvrent un mur entier que sur un nuancier. Aussi n'hésitez pas à peindre un échantillon de la couleur choisie, de préférence sur différents murs de la pièce.

CI-DESSUS : UNE TEINTE NEUTRE, COMME CE GRIS PÂLE, CONVIENT BIEN EN ARRIÈRE-PLAN. ADAPTEZ LE TON À L'ENSOLEILLEMENT DE LA PIÈCE.

PAGE DE DROITE : LE GRIS-BLEU EST PLUS PROFOND ET DISTILLE PLUS DE VITALITÉ QU'UN BLEU PASTEL.

suite

Compositions coordonnées

Fonder un projet de décoration sur une seule couleur produira un résultat théâtral et fort. Un décor entièrement blanc, très éthéré, nous plonge aussitôt dans un autre monde. En revanche, une salle de bains aux serviettes, tapis, murs et équipements de même couleur risque de sembler surchargée. S'acharner à tout coordonner tend à provoquer l'effet contraire de celui souhaité en émoussant ou en neutralisant l'impact de la couleur choisie.

L'autre écueil que l'on rencontre souvent lorsque l'on veut coordonner les éléments d'un intérieur survient lors du choix des matériaux, qui sont rarement produits dans les mêmes teintes. Un même rouge, par exemple, semblera différent sur un tapis tissé et sur un tapis au poil épais et velouté. Cela s'explique par la différence de textures, de la même façon qu'on obtient un fini différent avec une peinture brillante ou mate. Pour contourner ce problème, on introduira de larges surfaces sobres ou neutres entre les éléments coordonnés pour apporter de la respiration et atténuer les différences de tons. De plus, on remédie ainsi à la sensation de claustrophobie qui est à craindre lorsque arrière-plan et reliefs se fondent l'un dans l'autre.

À GAUCHE : COORDINATION OBLIGE, CHEMINÉE, LAMBRIS, CHAISE ET MENUISERIES SONT TOUS D'UN BLANC MONOCHROME.

PAGE DE GAUCHE : LES TONS NATURELS DES TABOURETS ET DU PARQUET APPORTENT DU RELIEF À CET INTÉRIEUR TOUT BLANC.

Tons et nuances

Plutôt que de tout coordonner, il est plus simple de choisir une couleur et d'en décliner le camaïeu.

Une couleur peut être plus ou moins foncée, ce qui en définit le ton. Les nuances dépendent des couleurs qui entrent dans leur composition. Ainsi, une palette de bleus comprendra des tons très clairs que contrasteront des tons plus sombres ou graphiques, ainsi que des nuances comportant des éléments chauds ou froids, tels que le bleu-vert ou le gris-bleu. Une palette de roses s'étendra du rose crème le plus pâle ou du lumineux rose printanier au fuchsia le plus intense.

Il est important d'associer tons et nuances dans un projet de décoration. Une palette qui ne met en œuvre que des dégradés de tons sera aussi plate que le nuancier d'un fabricant de peinture ; par ailleurs, associer trop de nuances risque de produire un résultat confus.

En jouant sur les tons et les nuances, vous profiterez de toutes les possibilités qu'offre votre couleur préférée. De plus, l'œil y trouvera plus de plaisir que dans une simple composition coordonnée. Cependant, il est là encore nécessaire d'introduire beaucoup d'espaces neutres pour que l'ensemble respire et ne soit ni étouffant, ni morne.

CI-DESSUS : LES MURS BLEU MOYEN SONT RÉVEILLÉS PAR LE BLEU PROFOND DU TABLEAU DANS CE DÉCOR ASSOCIANT TONS ET NUANCES.

PAGE DE DROITE : UN CAMAÏEU DE GRIS SE DÉCLINE ENTRE LA BAIGNOIRE GALVANISÉE, LES ÉQUIPEMENTS CHROMÉS, LES CARREAUX ARDOISE ET LES BOISERIES TAUPE.

Compositions harmonieuses

Plus vivante que la combinaison des tons et des nuances d'une couleur, l'harmonie se base sur l'association de couleurs voisines sur le cercle chromatique. Naturellement harmonieuses, elles garantissent un beau résultat tout en simplicité, qui suscitera instantanément une humeur précise. Une combinaison de couleurs froides, comme le bleu, le bleu-vert et le gris, sera reposante et donnera une impression d'espace, tandis qu'une palette chaude basée sur des roses et des rouges, ou des rouges et des orangés, sera dynamique et intime.

Cependant, comme dans toute composition, il est nécessaire de trouver les tons justes. Pour ne pas vous tromper, utilisez des teintes claires ou pâles sur les murs, réservez les couleurs riches, sombres ou intenses aux mises en relief, et dispersez ailleurs les demi-tons, avec des tissus d'ameublement par exemple. Vous pouvez aussi combiner des couleurs dont les tons sont très proches. Cela fonctionne le mieux lorsqu'elles sont toutes très claires – les couleurs riches et vives doivent être maniées avec précaution. Bleu pâle, lavande pâle, gris clair et gris-vert clair créent aussitôt un univers marin. Une palette de chamois, crème, ocre pâle et rose sable instaurent une ambiance douillette.

À GAUCHE : BLEU ET VIOLET CRÉENT UNE ATMOSPHÈRE AÉRÉE ET SPACIEUSE SOULIGNÉE PAR LA LAMPE ET LES PIEDS DU CHEVET EN INOX.

PAGE DE GAUCHE : DES COULEURS CHAUDES ET NATURELLES, DU CRÈME OU FAUVE AUX ORANGÉS, OCRES ET MARRON, GARANTISSENT L'HARMONIE DE CE SALON.

Compositions complémentaires

Les couleurs complémentaires s'opposent sur le cercle chromatique – rouge et vert, bleu et orangé, jaune et violet. Palette de base de nombreuses compositions, ces couleurs pures créent des combinaisons électriques dans lesquelles chaque teinte semble vibrer grâce à sa voisine, rivalisant d'éclat pour capter le regard. Mettez à profit cette caractéristique en utilisant en petite quantité une des deux couleurs pour accentuer l'autre grâce à une baguette ou un détail. Les dégradés de tons sont moins stimulants, mais tout aussi cohérents.

Mélangez les couleurs pour apprécier la compatibilité de ces paires. Le vert et le rouge, par exemple, ont longtemps été associés en décoration, de même que les roses et verts pâles, si typiques du chintz. Mélanger un peu de rouge au vert, et un peu de vert au rouge produit automatiquement une famille de teintes complexes, subtiles et homogènes, même si les couleurs de départ n'étaient pas parfaitement coordonnées en termes de ton ou d'intensité. Pour obtenir une famille de couleurs, ajoutez du blanc pour éclaircir les tons, ou bien un peu plus de la couleur complémentaire pour les assombrir.

CI-DESSUS : LE BLEU ET L'ORANGÉ, COMME TOUTES LES COMPLÉMENTAIRES, ONT UN ÉCLAT NATUREL. ICI, LE BLANC LEUR DONNE DE LA COHÉRENCE.

PAGE DE DROITE : LES JEUX DE TRANSPARENCE DU VERRE DONNENT PLUS D'IMPACT À CETTE AUTRE COMBINAISON ÉLECTRIQUE DE BLEUS ET D'ORANGÉS.

Compositions toniques

Si les décors basés sur les couleurs complémentaires tirent parti de leur harmonie naturelle, ils ne suscitent pas toujours d'émotion particulière. Les combinaisons toniques, en revanche, créent un véritable choc visuel. Intenses et tape-à-l'œil, elles ne seront pas au goût des êtres sensibles, même si elles insufflent une joie de vivre et un plaisir communicatifs.

De nombreuses compositions toniques associent des couleurs a priori détonantes : un rouge ou un rose vifs accompagnés de touches d'émeraude ou de bleu cobalt, ou bien un turquoise intense et un rouge magenta. Il serait lassant de vivre dans un lieu où chaque surface est décorée avec ostentation ; néanmoins on peut apprécier la vitalité inhérente à ces combinaisons – avec des tissus d'ameublement par exemple – tout en conservant les murs et arrière-plans neutres ou discrets.

On obtient également une belle intensité avec les couleurs tertiaires (mélange d'une couleur primaire et d'une couleur secondaire). Nombre de ces teintes, dont font partie le bleu turquoise, le vert-jaune et le rouge-orangé, paraissent différentes selon l'éclairage, ce qui leur confère une valeur propice à la création d'une atmosphère.

À GAUCHE : LE ROSE VIF DONNE DU PIQUANT À CETTE CUISINE BLANCHE. LES COULEURS FLUO ATTIRENT IMMANQUABLEMENT L'ŒIL.

PAGE DE GAUCHE : LES FAUTEUILS ET CANAPÉS FUCHSIA ET VIOLETS TRADUISENT UN VÉRITABLE AMOUR DES COULEURS. LE FOND BLANC ALLÈGE L'ENSEMBLE.

Compositions graphiques

CI-DESSUS : LE TAPIS RAYÉ DE BLANC ET ROUGE VIF ACCENTUE PAR SON CARACTÈRE GRAPHIQUE LE STYLE RÉTRO DE CETTE CUISINE.

PAGE DE DROITE : LE NOIR ET LE BLANC, COMBINAISON GRAPHIQUE PAR EXCELLENCE, S'IMPOSENT PAR LA TAILLE DU MOTIF.

Le décor graphique par excellence est l'association élégante et solennelle du blanc et du noir, sans cesse revisitée en décoration, du classique carrelage à damiers aux tissus d'ameublement inventifs des créateurs contemporains comme Timney et Fowler. Cette combinaison offre un maximum de contrastes ; imaginez des fauteuils et sofas de cuir noir dans une pièce où tout est blanc ivoire, ou bien une salle de bains aux murs carrelés de noir sur lesquels se détache la céramique blanche, ou encore une collection de photos en noir et blanc exposées sur un mur.

On peut adoucir la sévérité du noir et blanc et conserver son impact en introduisant une troisième couleur par le biais d'une mise en relief, d'un point phare ou d'un arrière-plan. Les couleurs neutres ou naturelles assiéront un style urbain élégant. Des textures variées participeront de la délimitation des espaces. Enfin, les contrastes entre verre, acier et pierre polie donneront de la profondeur à la composition initiale.

Les décors graphiques basés sur des couleurs primaires sont un véritable parti pris. On ne peut manquer de citer ici l'œuvre de l'artiste hollandais Piet Mondrian, dont les compositions font alterner blanc, noir et couleurs primaires dans des carrés et rectangles aux fortes lignes noires. L'esprit hi-tech, qui a reconverti les appareils et équipements industriels et commerciaux à l'usage domestique, décline lui aussi les couleurs primaires, entre lesquelles le gris sert de trait d'union.

Salon

On a souvent tendance à privilégier la décoration et l'ameublement du salon car c'est là que l'on reçoit le plus. Mais avec le besoin croissant d'espace, ces pièces remplissent parfois plusieurs fonctions. Un thème de couleurs ne suffira pas à résoudre les problèmes d'organisation spatiale. Mais il donnera de la cohérence aux pièces polyvalentes.

- Réfléchissez aux moments où vous profitez le plus de votre salon et choisissez les couleurs en fonction. Certaines rendent mieux à la lumière du jour ; les tons doux et discrets seront un meilleur pari si vous y passez plus de temps le soir.
- Exposer les livres et les CD sur des rayonnages (au lieu de les cacher derrière des portes) participe de la décoration en termes de couleurs et de formes, exigeant souvent des arrière-plans moins colorés.
- Les canapés sont un élément imposant du mobilier. Recouverts d'une housse de couleur forte, ils injecteront une note de vitalité dans un décor neutre. En revanche, si l'espace est restreint, on atténuera l'impact d'un grand sofa en optant pour une housse blanche ou neutre.
- Un seul mur peint d'une couleur forte signalera un changement de fonction dans un espace sans cloison.

PAGE DE GAUCHE : LES TONS CHAUDS ET NEUTRES DOMINENT DANS CE SALON. LA COULEUR ARDOISE DE LA MEZZANINE MINIMISE SON VOLUME.

CI-DESSUS : DANS CE SALON-SALLE À MANGER-CUISINE, CELLE-CI SE DÉMARQUE PAR LE ROUGE VIF DE SES ÉLÉMENTS.

Cuisine

Suggérant pureté et hygiène, le blanc a longtemps prédominé dans la décoration de la cuisine, et il reste encore souvent le choix le plus courant. Pourtant, associer le bleu au blanc offre une combinaison classique qui inspire à la fois fraîcheur et cocooning. Tout aussi apprécié, le style rustique repose essentiellement sur les tons naturels du crème, de la couleur bise et de la terre cuite, souvent déclinés dans le bois, le carrelage et la pierre. Depuis peu, les cuisinistes contemporains osent une décoration plus audacieuse, avec des arrière-plans et même des appareils électroménagers de couleurs intenses comme le rouge carmin, le mandarine et le bleu nuit.

- La cuisine est avant tout un lieu fonctionnel. Introduisez la couleur avec parcimonie afin de ne pas détourner l'attention des tâches à effectuer. Une seule couleur forte, ou bien un camaïeu, sont en général suffisants. Laissez beaucoup d'espace et d'aération entre les touches de couleur.
- Les éléments mineurs et apparents d'une cuisine, tels que les fruits et légumes, la vaisselle et les équipements de couleur insufflent beaucoup de vitalité, surtout lorsque les murs sont clairs.
- Il sera facile de repeindre des murs ou des portes de placard si vous vous lassez de leur couleur. En revanche, un appareil ou un sol de couleur forte est un élément permanent qu'il faut choisir avec soin.

À GAUCHE : LES OBJETS EN VERRE COLORÉ SONT GAIS ET FACILES À CHANGER.

PAGE DE DROITE : TOUT EN SIMPLICITÉ, CETTE CUISINE FAIT LA PART BELLE AU BLANC, AU CRÈME ET AU MARRON, TIRANT AVANTAGE DE SON ENSOLEILLEMENT.

PANTONE®
137 C
PANTONE®

Salle à manger

Partager un repas avec sa famille ou ses amis doit être un moment convivial. Choisir des couleurs pour la salle à manger implique de réfléchir à l'ambiance qui permettra le mieux d'apprécier ce moment. Ici, le point central est la table, et les arrière-plans ne doivent pas rivaliser avec elle. Faire la comparaison avec les restaurants, cafés et autres lieux de restauration est très instructif – les chaînes de fast-food, par exemple, utilisent souvent des couleurs primaires vives pour inciter les clients à ne pas s'attarder, tandis que les restaurants haut de gamme, où l'on attend des clients qu'ils prennent le temps de savourer les plats, proposent des tons sobres et raffinés favorisant intimité et hospitalité.

- Si la salle à manger fait partie d'un espace sans cloison, délimitez-la en peignant un de ses murs d'une couleur différente.
- Les couleurs chaudes sont intimes et rapprochent les gens. Autrefois, un rouge soutenu constituait souvent l'arrière-plan des salles de dîners officiels.
- Une palette basée sur des bruns gris, des ocres et des crèmes pâles produira un effet garanti dans un décor rustique.
- Quand les arrière-plans sont neutres, pensez à introduire des couleurs sur la table avec de la vaisselle, des objets en verre, une nappe et des serviettes.

CI-DESSUS : LINGE DE TABLE ET VAISSELLE COLORÉS INTRODUISENT UN BRIN DE FANTAISIE DANS CETTE SALLE À MANGER QUI MISE PAR AILLEURS SUR DES TONS TRÈS SOBRES.

PAGE DE GAUCHE : UN TABLEAU À DOMINANTE ROUGE DÉFINIT LE COIN REPAS. LES CHAISES EAMES ET LES TASSES AUX COULEURS PANTONE RENFORCENT L'IMPRESSION DE VITALITÉ.

Chambre

La chambre, où débute et s'achève chaque journée, est l'une des pièces où il est particulièrement important de choisir les couleurs en fonction de l'ensoleillement. Cela est d'autant plus vrai si elle n'a qu'une seule orientation. Dans une pièce exposée au nord ou à l'est (c'est l'inverse dans l'hémisphère sud), la lumière est froide et exige donc une composition où prédominent les couleurs chaudes. Les pièces orientées à l'ouest ou au sud, beaucoup plus lumineuses et chaleureuses, supporteront mieux les couleurs froides. Même si vous optez pour un thème neutre, n'oubliez pas de prendre en compte l'orientation. Une grande différence sépare, par exemple, un blanc crème et un blanc givré.

- Dans une chambre, les couleurs tertiaires attirent l'œil sans gommer l'aspect relaxation.
- Le lit est l'élément prédominant d'une chambre ; aussi la couleur du linge et de la tête de lit contribuera-t-elle grandement à la composition. Quand les arrière-plans sont neutres, une couverture ou un jeté de lit de couleur vive insuffleront de la vitalité à l'ensemble.
- Si vous optez pour une palette naturelle ou neutre, jouez sur les textures pour que la pièce ne paraisse pas terne. Les tissus d'ameublement sont les éléments les plus faciles à manier pour ajouter de la texture : draps brodés, coussins, jetés de lit, tapis de laine ou à poils épais… tous seront efficaces.

CI-DESSUS : LES CONTRASTES DES TEXTURES DONNENT DE LA PROFONDEUR À UN ENSEMBLE NEUTRE.

PAGE DE DROITE : LES COULEURS FROIDES SONT IDÉALES DANS LES CHAMBRES ORIENTÉES AU SUD OU À L'OUEST.

Salle de bains

La salle de bains, encore récemment considérée comme un endroit aseptisé, s'est longtemps vue réserver un style dépouillé et sérieux. De nos jours, elle est de plus en plus souvent perçue comme un havre de bien-être, et la couleur, apte à générer diverses humeurs – revitalisation ou relaxation – y est désormais incontournable.

- La salle de bains est essentiellement un espace équipé dont l'agencement est déterminé par la position des éléments sanitaires. Sauf si votre pièce est très grande, mieux vaut opter pour un thème privilégiant une couleur afin de conférer de l'unité au lieu.
- Le blanc reste la norme en matière de sanitaires. Les couleurs se démodent – imaginez une salle de bains avocat – et il est beaucoup plus facile et abordable de rafraîchir un mur que de changer un lavabo ou une baignoire.
- En raison de leurs connotations aquatiques, les nuances de bleu, bleu-vert et bleu-gris sont souvent choisies pour cette pièce. Le bleu donne en outre une impression d'espace, ce qui est appréciable dans une superficie réduite.
- Petites, les toilettes et salles de bains peuvent être décorées de couleurs vives dont on pourrait se lasser à plus grande échelle.
- Ne cherchez pas à coordonner à tout prix le linge et les accessoires de bain à votre pièce. Le résultat risque d'être mièvre.

CI-DESSUS : UNE PAROI ROUGE SOMBRE DÉFINIT L'ESPACE DOUCHE DE CETTE SALLE D'EAU. LE PARQUET EST À LA FOIS CHALEUREUX ET DOUILLET.

PAGE DE GAUCHE : LA MOSAÏQUE BLEUE AU MOTIF ALÉATOIRE INVESTIT L'ESPACE DE CETTE SALLE DE BAINS.

Chambre d'enfant

Une chambre d'enfant est souvent remplie d'objets et de jouets de couleur vive, ce qui plaide en faveur de murs discrets et neutres. Mais grâce au revêtement de sol, on peut y introduire une couleur forte sans que le résultat soit oppressant.

Avec un fond neutre, vous pourrez moduler à peu de frais les mises en relief et les points phare pour marquer chaque étape du développement de l'enfant.

- Comme pour une chambre d'adulte, choisissez les couleurs en fonction de l'ensoleillement de la pièce. C'est d'autant plus important que les enfants passent en général davantage de temps dans leur chambre que les adultes.
- Les thèmes graphiques associant des couleurs primaires fortes, ou bien le rouge, le blanc et le bleu, fonctionnent souvent bien dans une chambre d'enfant.
- Les tout-petits sont eux aussi stimulés par la couleur et ne tardent pas à manifester leurs préférences. Prenez-les en compte pour décorer leur chambre. Les tissus d'ameublement colorés, comme les housses de couette et les rideaux, sont peu chers et faciles à changer.
- Les adolescents voudront certainement personnaliser leur chambre ; même par le biais de thèmes criards ou gothiques, c'est l'occasion pour eux d'exprimer leur identité.

CI-DESSUS : CE TAPIS RAYÉ APPORTE TONUS ET GRAPHISME À CETTE CHAMBRE D'ENFANT. LE JAUNE SERT DE FIL CONDUCTEUR.

PAGE DE DROITE : LE VERT ANIS EST UNE TOILE DE FOND VIVANTE POUR DES JOUETS, DES JEUX ET DES LIVRES.

Couloirs, entrées et escaliers

On s'attarde souvent peu dans ces lieux de circulation que sont couloirs, entrées et escaliers. Espaces de transition, la vue y joue un grand rôle, car on y cherche et aperçoit parfois les autres pièces.

La tentation est grande de traiter ces espaces avec sobriété, une stratégie qui se révèle utile si les pièces qu'ils relient sont hautes en couleur. Sur les murs d'un couloir, la rampe ou les marches d'un escalier, les couleurs vives agiront comme un fil conducteur vivant et dynamique, créant une unité entre les espaces. Dans une entrée, elles produiront une première impression très forte.

Cependant, mieux vaut souvent privilégier la simplicité. Une couleur gaie et intense, tempérée par du noir et du blanc ou par des teintes naturelles, recèle un potentiel graphique et tonique. Une palette comportant trois ou quatre couleurs et tons, que l'on pourrait appliquer dans un salon, est un peu trop recherchée pour un lieu où l'on ne s'attarde guère. Comme dans tant d'autres pièces, prenez en compte la lumière naturelle. Dans les anciennes demeures, les couloirs sont souvent relativement sombres ; des couleurs chaudes les avantageront.

PAGE DE GAUCHE : UN PORTE-MANTEAU RÉTRO POSÉ AU MUR EST UNE EXCUSE TOUTE TROUVÉE POUR CES TOUCHES DE COULEURS VIVES DANS UN COULOIR NEUTRE.

À DROITE : ESPACES DE TRANSITION, LES COULOIRS SONT LE LIEU IDÉAL POUR UN ÉLÉMENT DÉCORATIF TRÈS VOYANT.

INTRODUCTION

COMPRENDRE LES COULEURS

ASSOCIATIONS DE COULEURS

CÔTÉ PRATIQUE

À savoir

Une fois trouvé le thème de couleurs pour votre habitat ou pour une pièce donnée, il suffit de mettre vos idées en application. Aujourd'hui, les couleurs vives ne sont pas limitées à la peinture, aux tissus et autres formes de décoration, comme c'était encore le cas récemment. Presque tous les matériaux, éléments de mobilier ou équipements sont proposés dans une riche gamme de couleurs, multipliant considérablement les possibilités. Ce chapitre concerne essentiellement les choix de matériaux et de textures.

- Si vous hésitez encore à appliquer des couleurs aux grandes surfaces, commencez par petites touches, avec des mises en relief, des accessoires et des assortiments décoratifs. Si vous avez envie de plus, choisissez alors des matières comme la peinture, qui sont faciles à changer à moindres frais.
- Si vous n'êtes pas sûr de la couleur dont vous allez habiller une pièce ou un mur, essayez-la sur un grand carton, épinglez-le au mur et vivez avec quelques jours, ou jusqu'à ce que vous soyez convaincu.
- En choisissant les matières, matériaux et textures, gardez à l'esprit que ces éléments servent un rôle pratique autant que décoratif. Si vous avez un coup de cœur pour un tissu bleu que vous destinez à recouvrir un canapé, vérifiez que la toile est assez robuste, sans quoi il ne répondra pas à vos exigences.

CI-DESSUS : DANS CHAQUE MATÉRIAU, LA COULEUR VARIE LÉGÈREMENT D'UN LOT À UN AUTRE. FAITES-Y ATTENTION LORS DE VOS ACHATS.

PAGE DE DROITE : LE PARQUET SOMBRE ET LES MURS BLEU-GRIS SONT ALLÉGÉS PAR LE PLAFOND BLANC ET LES LAMBRIS D'APPUI CLAIRS.

Des matériaux de caractère

La couleur n'est qu'un des nombreux éléments décoratifs. Couleurs, motifs et textures s'accordent pour séduire tous nos sens, pas simplement la vue. Un parquet, par exemple, en plus d'une riche teinte naturelle, offre aussi des motifs par son grain et les lignes de ses lames, ainsi qu'un son et une sensation sous les pieds.

Dans les compositions fondées sur les tons d'une ou de deux couleurs, la diversité des textures brisera la monotonie de l'ensemble en lui insufflant caractère et vitalité. C'est un atout particulier pour les compositions neutres, par essence discrètes et peu stimulantes.
Si des murs lisses peints en crème et un sol recouvert de moquette beige sont ennuyeux, un briquetage couleur crème et un revêtement de sol en fibres naturelles s'animent grâce au contraste des textures, qui participent pleinement du décor.

Enfin, la couleur est considérablement affectée par la finition du matériau, qui reflètera la lumière différemment si sa surface est mate, satinée ou brillante. Cet aspect est d'autant plus important si le matériau choisi doit être ciré, verni ou subir un autre traitement pour améliorer sa résistance.

PAGE DE GAUCHE : UN JEU DE CONTRASTES ENTRE LE PLÂTRE LISSE, LES BRIQUES APPARENTES ET L'ESCALIER EN BOIS FAIT VIVRE CE DÉCOR.

CI-DESSUS : LE CARRELAGE ET LE BOIS OFFRENT DES DIFFÉRENCES DE GRAIN QUI DONNENT DU CARACTÈRE À CETTE COMPOSITION SOBRE.

Peinture

CI-DESSUS : LA PEINTURE EST L'UN DES MOYENS LES MOINS CHERS ET LES PLUS FACILES DE RAFRAÎCHIR VOTRE INTÉRIEUR. LES MURS BLEU ROI SONT UN PARTI PRIS TRÈS FORT.

PAGE DE DROITE : PENSEZ AUX CONTRASTES ENTRE LES FINITIONS. CES BANDES DE COULEURS CHAUDES ONT ÉTÉ RÉALISÉES EN MAT ET EN BRILLANT.

La peinture est un moyen simple, rapide et économique de profiter des couleurs. Elle présente en outre l'avantage de se remplacer facilement si vous êtes déçu du résultat ou si vous vous lassez d'une couleur plus rapidement que vous ne le pensiez. Cependant, il est important d'opter pour la qualité, quitte à y mettre le prix. Une peinture de qualité est plus couvrante, s'applique mieux et contient souvent davantage de pigments, rendant les couleurs plus authentiques et plus riches.

Les diverses peintures

- La peinture à l'eau, dite acrylique, est la plus utilisée pour des murs en plâtre.
- La peinture vinyle, très résistante à l'eau, est destinée aux pièces comme la cuisine ou la salle de bains.
- Les peintures à l'huile, brillantes, mates ou satinées, résistent mieux et durent plus longtemps que la peinture à l'eau. On les recommande pour les menuiseries, les placards et les portes.
- Des peintures spéciales existent pour les métaux, parquets et carrelages.
- Les peintures traditionnelles comme le badigeon et la détrempe renforceront l'aspect authentique d'un style ancien.
- Les peintures écologiques, composées de pigments, liants et solvants naturels, progressent sans cesse, à la fois en termes d'éventail de couleurs et de facilité d'application. Sans solvant, elles laissent les murs respirer et sont hypoallergéniques.

suite

Peinture

Points à considérer

- Prenez le temps de bien préparer la surface à peindre. Lessivez-la, brossez-la ou passez-y l'aspirateur pour éliminer poussières et résidus. Comblez trous et fissures avec l'enduit adéquat, laissez sécher et poncez, plusieurs fois si nécessaire. Si vos murs sont très abîmés et que vous ne pouvez refaire le plâtre, tapissez-les d'un papier d'apprêt. Si les menuiseries sont encrassées par des couches de vieilles peintures, utilisez une lampe à souder ou un décapant pour leur redonner leur fraîcheur.
- Une seule couche de peinture transforme instantanément un mur, mais vous obtiendrez un bien meilleur résultat si vous appliquez deux couches, voire plus. Dans l'idéal, il faudrait une couche d'apprêt suivie d'une sous-couche, pour terminer par la couleur choisie.
- L'eau et l'huile ne se mélangent pas. N'appliquez jamais une peinture à l'eau et une peinture à l'huile sur la même surface.
- Pour donner une impression d'espace, peignez moulures, baguettes et éléments – tels que des radiateurs – de la même couleur que les murs.
- Pour peindre une pièce, commencez par le plafond en vous éloignant de la fenêtre principale. Peignez ensuite les murs par sections verticales, toujours en vous éloignant de la lumière naturelle. Enfin, peignez les portes, les encadrements de fenêtres et les plinthes.

CI-DESSUS : DANS LES CUISINES ET SALLES DE BAINS, PRÉFÉREZ DES PEINTURES VINYLES, TRÈS RÉSISTANTES À L'EAU.

PAGE DE GAUCHE : LA COULEUR CHANGE SELON L'ÉCLAIRAGE. IL EST DONC PRÉFÉRABLE D'ACHETER DES POTS D'ÉCHANTILLONS CLAIRS ET PLUS SOMBRES POUR FAIRE DES ESSAIS SUR UN MUR ET VOIR COMMENT REND LA COULEUR.

Papier peint

Papier peint est souvent synonyme de motifs, et donc de combinaisons de couleurs. Si votre composition est monochrome ou basée sur un contraste graphique, le papier peint peut conforter votre thème de couleurs dans tout ou partie de la pièce. Il n'en va pas de même des papiers en fibres tissées comme le sisal, le jute ou le rotin, qui sont beaucoup moins colorés et se font oublier.

Depuis peu, le papier peint a perdu son image conventionnelle pour atteindre le summum du chic intérieur ; de célèbres designers créent des papiers aux motifs contemporains et explosifs. Les motifs traditionnels, floraux et géométriques restent cependant plébiscités par le grand public – notamment avec frises et bordures coordonnées – de même que les versions vinyles pour la cuisine ou la salle de bains.

Le papier peint n'est pas uniquement destiné aux murs. Revêtez-en par exemple l'intérieur d'un placard ou d'une garde-robe pour produire un effet de surprise. Si vous avez l'âme créative, assemblez des collages avec des affiches, des cartes ou autres supports pour créer un arrière-plan original.

Le papier peint est souvent plus cher que la peinture – de façon considérable dans le cas des papiers de haute qualité ou imprimés à la main – et sa pose exige un certain savoir-faire pour obtenir un fini impeccable. Si vous n'êtes pas sûr de vous, adressez-vous à un professionnel.

CI-DESSUS : AVANT DE VOUS DÉCIDER, ÉPINGLEZ AU MUR UN LÉ DE PAPIER PEINT ET ATTENDEZ QUELQUES JOURS POUR JUGER DE SON EFFET.

PAGE DE DROITE : LES COULEURS DU MOTIF BAMBOU SONT EN HARMONIE AVEC CELLES DU TAPIS ET DU MOBILIER.

suite

Papier peint

Points à considérer

- Préparez correctement la surface pour un résultat optimal. Le papier peint se colle mieux sur un papier d'apprêt ; si les murs sont en mauvais état, colmatez les fissures et poncez les murs au préalable.
- Prévoyez toujours un peu plus de papier que nécessaire, en cas de ratés.
- Suivez les instructions du fabriquant et utilisez la colle recommandée.
- La méthode standard consiste à encoller le verso d'un lé, à le laisser détremper quelques minutes, puis à le poser sur le mur avant de maroufler soigneusement. Certains décorateurs appliquent aussi une fine couche de colle sur le mur. Avec le papier intissé nouvelle génération, on applique directement la colle sur le mur ; le positionnement des lés s'en trouve facilité.
- Posez le premier lé dans l'angle de la pièce le plus proche de la fenêtre principale et travaillez en vous éloignant de la lumière naturelle. Si le papier est imprimé de grands motifs, il faut en revanche poser le premier lé au milieu du mur ou au-dessus d'un élément dominant, comme une cheminée, et poser les autres en se rapprochant des angles de la pièce pour ne pas attirer l'attention sur les raccords.

PAGE DE GAUCHE : DU PAPIER PEINT POSÉ SUR UN SEUL MUR LE MET AUSSITÔT EN VALEUR - C'EST UNE SOLUTION IDÉALE POUR LES MOTIFS CHARGÉS.

CI-DESSUS : LA POSE DU PAPIER PEINT EST SOUVENT L'AFFAIRE DES PROFESSIONNELS. POUR CES RAYURES RECTILIGNES, ELLE DOIT ÊTRE PARFAITE.

Tissus d'ameublement

En général plus abordable et moins contraignant que les autres matériaux de décoration, le tissu permet de jongler avec les couleurs. La plupart des tissus d'ameublement – tapis, housses de canapés, fauteuils et coussins, rideaux et linge de maison – vous permettront de suivre les saisons ou d'apporter un brin de fantaisie ou de nouveauté à votre intérieur. Troquer des housses sombres contre des housses blanches ou très claires donnera aussitôt à une pièce un air plus estival.

Les textiles apportent de la profondeur grâce à leur trame ou leur texture, ou bien à leur façon de filtrer la lumière. Le chintz glacé, par exemple, donne un éclat satiné aux couleurs, tandis qu'un voilage devant une fenêtre créera une ambiance douce et feutrée.

Les tissus imprimés apportent du relief. Essayez de vous procurer un motif en résonance avec les couleurs principales de votre composition. Il peut aussi servir de point phare ou de mise en relief dans un cadre neutre. À l'inverse, inspirez-vous d'un imprimé pour baser votre décoration sur ses couleurs.

CI-DESSUS : LE TAPIS TISSÉ RAYÉ ET LES HOUSSES DE COUSSINS À POIS PONCTUENT DE TOUCHES DE COULEUR CET INTÉRIEUR NEUTRE.

PAGE DE DROITE : UN SAVANT MÉLANGE DE BLEUS, VIOLETS ET CHOCOLAT SE DÉCLINE ENTRE LES TISSUS, LE MOBILIER ET LA DÉCORATION.

PANTONE®
286 C

suite

Tissus d'ameublement

Points à considérer

- La fonction d'un tissu prime sur sa couleur. La toile des housses, par exemple, notamment si elles sont cousues ou attachées, doit être lourde et résistante afin de ne pas se déchirer, s'élimer ou s'affaisser. Si l'étoffe se froisse quand vous la roulez en boule ou si les bords coupés s'effilochent facilement, c'est qu'elle est trop légère pour servir de housse de siège.
- Comme les housses de coussins et les rideaux ne subiront pas le même traitement que les sièges, elles peuvent être faites de tissus beaucoup plus légers.
- Pensez à l'entretien. Il est possible d'imperméabiliser les textiles pour les protéger des taches.
- Il n'est pas nécessaire d'être doué en couture pour confectionner des housses de coussins ou des rideaux à passants ou à œillets. Les cantonnières et têtes de rideaux doublés ou plissés requièrent en revanche plus de savoir-faire.
- De nombreux tissus d'ameublement contiennent des fibres synthétiques qui les rendent plus résistants et moins inflammables. Pour le linge de maison, privilégiez les matières naturelles, plus absorbantes et plus douces au contact de la peau.
- Explorez aussi les possibilités qu'offrent les étoffes en général. Les saris, les textiles de confection, les tissus ethniques ou bien des chutes achetées sur un marché ou dans une brocante, offrent souvent des combinaisons de couleurs vivantes et des motifs originaux.

CI-DESSUS : CHOISISSEZ LE TISSU APPROPRIÉ À SA FONCTION. LES HOUSSES DES SIÈGES DOIVENT ÊTRE ROBUSTES ET RÉSISTANTES.

PAGE DE GAUCHE : TISSUS D'AMEUBLEMENT ET LINGE DE MAISON SONT UN MOYEN FACILE DE DONNER DES COULEURS À VOTRE ENVIRONNEMENT.

Revêtements de sol

Des sols de couleur délimitent les espaces de façon dynamique, en particulier dans les agencements modernes aux volumes ouverts et à la décoration relativement discrète. Même si le sol représente une surface importante, une couleur forte y sera moins dominante que sur un mur, simplement parce qu'elle n'est pas à hauteur d'yeux.

Comme pour les autres surfaces et matières, le choix du revêtement de sol ne se fait pas uniquement sur son aspect. Des questions pratiques, comme la résistance, la facilité d'entretien, l'élasticité, le confort et la facilité de la pose entrent en jeu.

- Si votre habitat est plutôt petit, étendre le même revêtement de sol à toutes les pièces leur conférera unité et espace. Des matériaux différents mais de même couleur présenteront le même avantage. Dans une cuisine ouverte sur la salle à manger, associez par exemple un parquet clair pour le coin repas à un carrelage du même ton dans la partie cuisine.
- La couleur habille bien les sols des couloirs et des escaliers ; elle servira en outre de fil conducteur vivant entre les pièces, attirant le regard de l'une à l'autre. Sur un escalier, une moquette rouge, des marches et contremarches peintes d'une couleur vive, ou bien un chemin d'escalier à rayures produiront un effet frappant.
- Si vous ne souhaitez pas être soumis quotidiennement à un sol de couleur, les tapis, descentes de lit et carpettes de toutes sortes répondront à vos besoins.

À GAUCHE : LES PARQUETS SONT FABRIQUÉS DANS DIVERS TONS NATURELS QUE L'ON PEUT LASURER, VITRIFIER OU PEINDRE.

PAGE DE DROITE : LES REVÊTEMENTS DE SOL EN CAOUTCHOUC ET EN RÉSINE SONT PROPOSÉS DANS UNE RICHE GAMME DE COULEURS.

suite

Revêtements de sol

Les matériaux

- **Le caoutchouc.** Pour les couleurs vives, dalles et rouleaux de caoutchouc sont imbattables. Certains fabricants disent proposer toutes les couleurs Pantone. Confortable, élastique et durable, c'est un revêtement de sol très pratique.
  Les finitions texturées sont moins glissantes.
- **Le linoléum.** Avec des teintes souvent plus douces et mouchetées, le linoléum (en dalles ou en rouleaux) offre néanmoins un vaste choix de couleurs. C'est un produit naturel de qualité. Douillet, hygiénique, durable, résistant aux taches et hypoallergénique, c'est l'option idéale pour les personnes souffrant d'allergies.
- **La céramique.** Fabriqué dans une très large gamme de couleurs, de motifs, de tailles et de formes, le carrelage convient aux lieux de forte activité, comme les couloirs, la cuisine ou la salle de bains.
- **Le vinyle.** Coloré, à motifs ou imitant un matériau naturel, le vinyle est vendu sous forme de dalles et de rouleaux. Les vinyles de grande qualité sont plus chers mais durent plus longtemps.
- **La peinture.** Le parquet peut être décapé et poncé avant d'être peint ou teinté. La lasure pénètre dans le grain et offre un fini plus doux et naturel que la peinture. Pour les endroits où il y a peu de passage, une peinture à l'huile brillante ou satinée suffira ; ailleurs, choisissez une peinture spéciale sols.

PAGE DE GAUCHE : LES TAPIS APPORTENT COULEUR ET GRAPHISME. DE PLUS, ILS S'ADAPTENT FACILEMENT À VOS ENVIES.

CI-DESSUS : UN MÊME REVÊTEMENT DE SOL DANS PLUSIEURS PIÈCES, SURTOUT DANS LES ESPACES SANS CLOISON, CRÉE UNE UNITÉ VISUELLE.

Éclairage

L'éclairage naturel et l'éclairage artificiel affectent notre perception des couleurs. L'aspect des couleurs à la lumière du jour sert souvent de point de référence. Cependant, l'orientation et la luminosité d'une pièce altéreront cet aspect.

Les diverses sources de lumière

- La source de lumière artificielle la plus courante est l'ampoule au tungstène, dont la production cessera bientôt dans de nombreux pays en raison de sa grande consommation d'énergie. Cependant, la chaleur visuelle de ces ampoules est très agréable. Légèrement blonde, elle est à la fois accueillante et flatteuse pour le teint.
- L'halogène, autre éclairage couramment utilisé, émet une lumière beaucoup plus blanche que le tungstène. Ainsi, les couleurs rendent mieux, paraissant plus proches de leur aspect à la lumière du jour. Cet éclairage se révélera utile dans un lieu où l'on manie les couleurs – un bureau, un atelier ou une cuisine.
- Le rendu des couleurs s'avère plus problématique sous une lumière fluorescente. Même si elle s'est améliorée ces dernières années, la lumière fluorescente, légèrement verte, tend à neutraliser les teintes.

CI-DESSUS : LA LUMIÈRE QUI FILTRE À TRAVERS LES VITRAUX DONNE AUX COULEURS L'ÉCLAT DE PIERRES PRÉCIEUSES.

PAGE DE DROITE : UN INTÉRIEUR TOUT BLANC EST RAFRAÎCHISSANT S'IL EST BAIGNÉ DE LUMIÈRE.

suite

Éclairage

Les lumières colorées

Sublimée par la lumière, la couleur rend une atmosphère magique et évocatrice, notamment par le biais de mises en relief ou de points phare. Inspirez-vous des vitraux d'une fenêtre, d'une imposte ou d'une porte, qui transforment la lumière du jour, pour teinter la lumière d'une ampoule avec comme abat-jour un matériau coloré et translucide. La lampe vitrail Tiffany est un classique du genre, décliné sous maintes versions contemporaines.

Dans cette idée, on peut enchâsser des pans de Plexiglas ou de verre coloré dans des éléments de rangement, ou bien rétro-éclairer le flanc transparent d'une baignoire. Choisissez alors une lumière fluorescente ; peu calorifère, elle sera utilisée en toute sécurité à proximité de n'importe quel matériau.

Les lampes à LED (diodes électroluminescentes) peu gourmandes en énergie et prometteuses pour l'avenir, s'invitent de plus en plus souvent dans nos habitats.
Les LED de couleur s'encastrent dans les murs, les sols, la base d'un escalier ou même le flanc d'une baignoire pour produire des jeux de lumière qui attirent l'œil. Leur durée de vie est très longue ; vous pouvez donc les installer sans vous soucier d'avoir à les remplacer souvent.

CI-DESSUS : CHAQUE SOURCE LUMINEUSE PRODUIT UNE TEINTE DISTINCTE. L'HALOGÈNE EST PROCHE DE LA LUMIÈRE DU JOUR ; LE TUNGSTÈNE EST LÉGÈREMENT BLOND.

PAGE DE GAUCHE : LE RÉTRO-ÉCLAIRAGE D'UNE PAROI DE VERRE OU DE PLEXIGLAS DANS UNE SALLE DE BAINS INCITE À LA RELAXATION.

Équipements et éléments

L'habitat contemporain, dont on attend toujours plus d'espace et de volume pour optimiser la surface au sol, comprend souvent des éléments et des équipements encastrés, comme les penderies, rayonnages et autres rangements. Dans bien des cas, la discrétion est de mise – en particulier si l'habitat est petit – et la meilleure stratégie consiste souvent à peindre ces éléments en blanc ou d'une couleur neutre pour qu'ils se fassent oublier ; si les murs sont colorés, peignez-les de la même couleur pour qu'ils se fondent dans l'arrière-plan.

En revanche, les placards des cuisines et des salles de bains offrent plus de possibilités. Les éléments encastrés sont fabriqués dans une large gamme de couleurs et de finitions, des couleurs primaires fortes aux tons plus doux et nuancés. Comme pour les appareils électroménagers colorés, soyez sûr d'être prêt à vivre avec la couleur choisie pour une longue période. Cela vaut particulièrement pour les éléments vernis ou laminés, dont le fini ne peut être altéré. En revanche, il est possible de fixer des portes en bois ou en mélaminé sur n'importe quel caisson afin de les décorer soi-même. Si vous vous lassez de la couleur choisie, vous pourrez toujours les repeindre.

CI-DESSUS : LE BLANC N'EST PLUS LA NORME POUR LES ÉLÉMENTS ET APPAREILS DE CUISINE.

PAGE DE DROITE : CES ÉLÉMENTS DE CUISINE LAVANDE S'ACCORDENT AVEC LA CUISINIÈRE EN INOX.

Assortiments décoratifs

Si vous n'êtes pas sûr de l'effet que vous souhaitez obtenir avec une couleur, jouez avec des éléments décoratifs et essayez plusieurs combinaisons ; vous ne pouvez qu'être agréablement surpris du résultat.

Créer un assortiment décoratif, c'est inviter le regard à s'attarder. Il faut donc choisir un lieu bien en vue, comme une cheminée, un centre de table, ou des étagères à hauteur d'yeux. Il en va de même pour les expositions de photos, d'affiches ou de reproductions encadrées. Grouper des objets produit toujours plus d'effet que de les éparpiller dans une pièce.

Les assortiments décoratifs auront d'autant plus d'impact si un thème les rassemble. Ce dénominateur commun peut être un type d'objets, une période particulière ou bien sûr une couleur. Si la coordination se révèle parfois trop monotone pour décorer toute une pièce, elle est au contraire très efficace dans les assortiments décoratifs. Peu importe que les objets soient disparates en termes d'origine ou de genre ; une même couleur fédératrice garantira l'effet recherché.

PAGE DE GAUCHE : CES VASES BLEUS ET VERTS ALIGNÉS DEVANT UNE FENÊTRE FORMENT UN ASSORTIMENT HARMONIEUX.

CI-DESSUS : LES RAYONNAGES APPORTENT GÉOMÉTRIE ET COULEUR ; LA CHEMINÉE EST TOUTE DÉSIGNÉE COMME LIEU D'EXPOSITION.

suite

Assortiments décoratifs

Points à considérer

- Les assortiments décoratifs de couleur sont indispensables à une composition neutre ou naturelle. Mais il est inutile d'amasser des objets de toutes les couleurs ; un ou deux objets de grande taille et d'une couleur forte insuffleront présence et caractère à votre pièce.
- En revanche, s'il y a déjà beaucoup de couleurs, limitez-vous aux objets en accord avec l'ensemble de la composition, ou bien qui lui opposent un contraste sobre.
- Ajoutez à la beauté du verre teinté les atouts du rétro-éclairage, ou bien disposez les objets en verre coloré sur le rebord d'une fenêtre, où la lumière les traversera.
- Dans une cuisine, disposez des assortiments d'objets usuels, d'emballages, d'ustensiles de cuisine, et même de fruits et de légumes frais, tout ce qui peut égayer l'ensemble. Dans les pièces à vivre, le dos des livres et des CD sur des rayonnages présente le même avantage.
- Modifier de temps à autre vos assortiments décoratifs redynamisera votre intérieur en lui donnant un coup de neuf.
- Couloirs et escaliers sont un lieu idéal pour exposer des objets. Une collection de tableaux sur le mur d'un escalier ou quelques céramiques sur le rebord d'une fenêtre conserveront plus longtemps leur charme car vous ne les verrez qu'en passant.

CI-DESSUS : CES DEUX ÉTAGÈRES MURALES CONSTITUENT UN LIEU D'EXPOSITION IDÉAL POUR CES CÉRAMIQUES ET AUTRES OBJETS DÉCORATIFS.

PAGE DE DROITE : MÊME LES ASSORTIMENTS FONCTIONNELS, COMME CE LINGE DE BAIN EMPILÉ SUR DES ÉTAGÈRES, DONNENT DU CARACTÈRE À UNE PIÈCE.

Index

Crédits

L'Editeur tient à remercier mainstreamimages pour leur autorisation de reproduire les photographies suivantes :

2 Ray Main/Artist : Michi Uchida ; 6 Paul Raeside ; 10 Darren Chung ; 11 Ray Main/Architect : Julie Richards ; 12 Paul Massey ; 13 Ray Main/Architect : Francesco Draisci ; 16 Ray Main ; 17 Ray Main/ Missoni ; 18 Ray Main/20th Century Design ; 19 Ray Main/ re-foundobjects.com ; 20 Ray Main/Spinadesign ; 21 Ray Main ; 22 Ray Main/Designer Roger Oates ; 23 Darren Chung ; 24 Ray Main ; 25 Darren Chung ; 26 Ray Main ; 27 Paul Raeside ; 28 Ray Main/Pedlars.co.uk ; 29 Ray Main ; 30 Darren Chung/roundhouse design.com ; 31 Darren Chung/the-englishstudio.com ; 32 Sarah Hogan/hannahsimmons.com ; 33 Darren Chung/the-english studio.com ; 34 Edmund Sumner/the Pike Practice ; 35 Darren Chung/bygraziela.com ; 36 Darren Chung ; 37 Sarah Hogan/ hannahsimmons.com ; 40 Ray Main/ abrahamandthakore.com ; 41 Nick Hufton/Jonathan Clark ; 42 Ray Main/Designer : Kate Blee ; 44 Paul Massey ; 45 Darren Chung/the-englishstudio.com ; 46 Ray Main/Design : Paul Priestman ; 47 Ray Main/Architect : Mole Architects ; 48 Darren Chung/Architecture &Design Ass ; 49 Paul Raeside ;50 Ray Main ; 51 Ray Main ; 52 Sarah Hogan/ suewilliamsacourt.co.uk ; 53 Ray Main ; 54 Ray Main/Designer : Nanna Ditzel ; 55 Paul Massey ; 56 Ray Main/ Ligne Roset ; 57 Paul Massey/naomicleaver.com ; 58 Ray Main/ Centimetro Interiors ; 59 Ray Main ; 60 Ray Main ; 61 Ray Main/ Architect Paul Forbes ; 62 Darren Chung/the-englishstudio.com ; 63 Ray Main/ hoteldupetitmoulin.com ; 64 Darren Chung/ Hemingway Design ; 65 Ray Main/ JimThompson.com ; 66 Ray Main ; 67 Ray Main/ Design : Trine Miller ; 68 Darren Chung/w2products.com ; 69 Paul Massey ; 70 Ray Main/ abrahamandthakore.com ; 71 Ray Main ; 72 Edmund Sumner/ Edward Hill Partnership ; 73 Richard Glover/ Smart Design Studio ; 74 Sarah Hogan/ suewilliamsacourt.co.uk ; 75 Ray Main/ cullumnightingale.com ; 76 Darren Chung/ w2products.com ; 77 Ray Main ; 80 Ray Main/ cullumnightingale.com ; 81 Ray Main ; 82 Sue Barr/Robert Dye ; 83 Darren Chung/architecturewk.com ; 84 Ray Main /kbjarchitects.co.uk ; 85 Ray Main ; 86 Ray Main/ Artist Michi Uchida ; 87 Ray Main/re-foundobjects.com ; 88 Ray Main/Jocelyn Warner Design ; 89 Darren Chung/gilesmiller.com/ naomiparrystyling.com ; 90 Paul Raeside/Bradley Quinn ; 91 Darren Chung/Hemingway Design ; 92 Ray Main ; 93 Ray Main ; 94 Darren Chung/w2products.com ; 95 Ray Main/ michaelis boyd.com ; 96 Ray Main/julianstair.com ; 97 Ray Main ; 98 Darren Chung/teedinteriors.com ; 99 Ray Main/ cullumnightingale.com ; 100 Paul Raeside ; 101 Ray Main/ annkelley.co.uk ; 102 Darren Chung/Ice Cube Design ; 103 Ray Main/StudioOHM.com ; 104 Darren Chung ; 105 Darren Chung ; 106 Darren Chung/ michalsky.com ; 107 Ray Main ; 108 Paul Raeside ; 109 Ray Main sauf page 43 : ©Terence Conran.

L'Editeur tient à s'excuser d'avance pour tout oubli involontaire et ne manquera pas d'intégrer les corrections nécessaires lors de prochaines éditions.

Traduction de l'anglais : Marie-Céline Cassanhol

Secrétariat d'édition : Émilie Collet

Texte original : Terence Conran

ISBN : 978-2-7000-3149-2

Dépôt légal : avril 2011

PAO : PAOh! Dole

Couverture : www.4-quarts.com

Imprimé en Chine

www.grund.fr – 60, rue Mazarine – 75006 Paris